MOUVEMENT MORAL

DE

LA FRANCE

DEPUIS 1830,

Par M. De Kératry,

PAIR DE FRANCE.

(Extrait de la 18ᵉ livraison du Supplément au *Dictionnaire de la Conversation.*

—

PARIS, 1847.

MOUVEMENT MORAL

DE LA FRANCE

DEPUIS 1830.

FRANCE (Mouvement et état moral de la). Ainsi qu'il est diverses fonctions et diverses phases dans l'organisme des êtres animés, fussent-ils placés aux derniers degrés de l'échelle, la vie des peuples ne se compose pas uniquement de leurs travaux alimentaires, de leur système hygiénique, de leurs coutumes passées en force de loi, de leurs relations commerciales, ou de la culture des arts qui charment leurs loisirs dans la paix, ou qui assurent dans la guerre l'indépendance d'une société constituée en corps de nation. Longtemps stationnaire en Orient, où elle eut son berceau, la civilisation des peuples sera désormais progressive ou rétrograde, ainsi qu'il plaira à la Providence d'ordonner de nous et de notre espèce. A part les grands cataclysmes qui ont précédé notre apparition sur le globe, et qui, après un laps de siècles indéfini, déposèrent dans les entrailles de la terre les traces d'une création antérieure, la promesse de vie qui nous a été donnée est attachée à une condition rigoureuse : en dépit de son orgueil, le genre humain ne se maintiendra jamais ici-bas sans le respect des saintes lois de la morale. Vainement arrivera-t-il à une industrie inconnue dans les fastes des anciens âges, il ne jouira paisiblement de ses conquêtes sur la matière qu'en liant les divers actes de son existence à la pensée permanente de l'ÊTRE, qui confia le germe de cette morale à nos cœurs, ainsi que la même main avait semé sur le versant des collines le cèdre et l'hysope, après avoir répandu les astres dans l'immense espace, à l'instar d'une poussière lumineuse.

Les soleils, les planètes et les globes, ces hardis voyageurs à travers les plaines éthérées, obéissent à des mouvements réguliers susceptibles d'appréciation. S'ils s'en écartaient, ce serait leur fin. Notre système planétaire, minime fragment de cette *nébuleuse* dont la vaste zone nous enveloppe, marche probablement avec elle vers un point central qu'il ne leur sera donné d'atteindre qu'après des myriades d'années ; car tout nous porte à croire que l'impulsion à laquelle nous sommes soumis est universelle. L'unité dans la variété étant la loi générale des êtres, l'espèce à laquelle nous appartenons ne saurait s'y soustraire. Son point d'arrêt, son centre de gravité, c'est DIEU. Si elle s'en écarte, elle court à l'abyme. Il en sera d'elle comme d'un soleil qui se serait perdu en sortant de son orbite. Si, au contraire, elle gravite vers son principe, si elle s'en rapproche, ne fût-ce qu'à la manière des lignes connues en physique sous le nom d'asymptotes (1), elle entre dans l'harmonie du grand tout, elle y concourt, elle assure sa durée comme espèce, et sa perpétuité dans chacun des individus qui en auront fait partie.

Nous croyons fermement que c'est sur cette seule mesure qu'il est possible de déterminer quelle sera la longévité d'une nation, et peut-être celle de l'espèce humaine. Cette surface légère de terre végétale qui nous nourrit et que nous foulons aux pieds, n'a pas toujours existé sous les

(1) Selon les mathématiciens, ces lignes peuvent toujours se rapprocher sans jamais se confondre.

1

rayons de notre soleil. Elle est bien jeune, si nous nous en rapportons aux nouvelles recherches géologiques. L'espace laissé derrière nous peut donc s'évaluer avec une certaine justesse approximative, entrevue par le législateur des Hébreux. Toutefois, dans cette courte période de jours, les progrès de la race humaine ont été sensibles. Il est notoire qu'elle s'est avancée dans la carrière des arts et des sciences. Le mouvement est manifeste. De grandes améliorations se sont même effectuées dans la morale. Aussi les mœurs se sont successivement épurées. A la vie sauvage a succédé la vie agricole; à la victoire qui tue le vaincu, l'esclavage qui le conserve; à la servitude qui le dégrade, la féodalité qui l'assujettit au travail de la terre; et à la loi de la glèbe, le simple fermage avec la redevance, ou même avec la participation à la propriété rurale. Dans cette progression, le ciel a permis des temps d'arrêt, quelquefois de recul. La morale périssait, et, avec elle, le genre humain, lorsque la douce et pure lumière de l'Évangile est venue briller sur le globe, plongé dans les ténèbres de l'idolâtrie. D'abord de faibles rayons ont pénétré dans le nord de l'Europe. A mesure que le flambeau s'est rapproché des Gaules, l'ombre a fui. La France est devenue chrétienne, non sans garder quelques-unes de ses vieilles superstitions, dont le souvenir de jour en jour s'efface. Chargé que nous sommes d'évaluer, dans cette collection, son *mouvement moral*, nous devons nous tracer à nous-même des limites. En le faisant monter seulement au règne de Louis XIV, nous assumerions une tâche fort étendue, bien qu'imparfaite, et peut-être au-desus de nos forces. Cependant il ne nous est possible d'évaluer ce mouvement et d'en reconnaître les progrès, s'ils ont lieu, qu'en établissant une comparaison entre les jours où nous vivons et ceux qui précédèrent la grande révolution dont l'ébranlement s'est prolongé jusqu'aux extrémités les plus reculées de l'Europe. Cet enfantement fut le plus pénible, mais le plus fécond en résultats qui ait éprouvé les forces de la race humaine.

Les regrets du temps passé, le blâme décerné au temps présent, dans lequel nous comprenons un demi-siècle écoulé, ont été exprimés par des bouches très éloquentes. A l'étranger, Edmond Burke et le célèbre William Pitt, chez nous M. de Maistre et M. l'abbé de Lamennais dans ses premiers écrits, en signalant des désordres graves, sur les causes desquels ils se sont plus d'une fois mépris, ont traité la France comme un cadavre prêt à tomber en pourriture. On leur a répliqué en mettant à nu les abus de l'ancienne monarchie, les déprédations qui en desséchaient le trésor, alimenté par le seul travail du peuple; l'immoralité des riches affranchis de tout impôt, et en possession des emplois honorifiques ou lucratifs; la corruption des hautes classes, enfin les mœurs déréglées des femmes qui en occupaient les sommités. Eh bien! de part et d'autre, le mal a été souvent exagéré, et le bien quelquefois méconnu. On n'a rendu justice ni au passé ni au présent: celui-ci toutefois ne nous semble pas exempt de justes reproches, que nous ne lui épargnerons pas.

Nous avons donc à dresser le procès-verbal de deux situations qui se touchent chronologiquement, mais qui se distinguent par des couleurs très tranchées. Nous commencerons par soumettre à un examen rapide l'ère que l'on est convenu de nommer l'ancien régime, puisqu'il est à la fois notre point de départ et la condition nécessaire d'un parallèle.

Nous sommes convaincu que le règne de Louis XV ne pouvait se prolonger sans convulsions politiques, mais que celui de Louis XVI, avec un gouvernement plus habile et des mains plus fermes, pouvait avoir de la durée. Il ne lui a manqué que des ministres d'un plus fort caractère, avec quelques obsessions de moins; on ne règne pas si on n'a pas le courage de les écarter. Ce fut une faute de renvoyer les anciens parlements; c'en fut une plus grande de les rappeler, en chassant les nouveaux titulaires d'offices. Les peuples ne croient plus au pouvoir qui revient sur ses actes. Pour conquérir la faveur d'un moment, il tombe dans un long mépris; et viennent ensuite des jours de péril, les serviteurs, avertis par le sort des précédents, lui feront défaut!

Les torts de l'ancien régime étaient bien plus dans son administration que dans la corruption des mœurs publiques, à laquelle les écrivains modernes ont donné tant de retentissement. Nous serions tenté de demander qu'on nous indiquât, dans les siècles divers de notre monarchie, une seule époque à laquelle on ne fût en droit d'adresser le même reproche? De François Iᵉʳ, séduisant les épouses de ses gentilshommes, au règne des enfants de Catherine de Médécis, ordonnant un massacre politique et religieux; de ceux-ci à Louis XIV, se livrant dans sa jeunesse à de coupables amours, et appelant dans sa vieillesse à la succession du trône les fruits d'un double adultère, tandis que sa cour devenait une officine d'empoisonnements; du régent, qui lui succéda, à Louis XV, dont le sceptre tomba aux pieds d'une prostituée, nous ne rencontrons pas vingt années qui, sous le rapport des mœurs, fussent préférables à celles qui se sont écoulées sous le règne de l'infortuné Louis XVI.

Des annalistes ont pu répéter avec bonne foi, contre cette époque encore peu éloignée de nous, ce qui était échappé de la plume de quelques pamphlétaires. Ils ont pris à la lettre des libelles clandestins, des brochures vendues sous le manteau, tels que *l'Espion anglais*, les *Mémoires* d'une dame la Motte, condamnée dans la trop fameuse affaire du Collier; et ils ont généralisé ce qui, dans la réalité, n'était qu'une déplorable et honteuse exception. Les dérèglements de quelques femmes de la cour de Marie-Antoinette et de quelques seigneurs familiers de l'OEil-de-Bœuf sont notoires; nous ne les révoquerons pas en doute, mais nous pouvons dire que la corruption n'était guère descendue plus bas. Contemporain, bien que jeune, de cette période de jours, riche et contristé à la fois des souvenirs qu'elle nous a laissés, nous affirmerons à haute voix que, s'il a existé alors des ducs de Richelieu et de Fronsac, des duchesses d'Egmont et des dames de l'Epinai, une foule de femmes honnêtes vivaient irréprochables à Versailles, à Paris, dans des châteaux et dans de plus modestes re-

traites de provinces. Sous l'œil de parents honorés, la jeune fille attendait, dans l'innocence de ses mœurs, qu'un homme de bien la conduisît à l'autel; le lit conjugal était sans tache; l'épouse était pure même de mauvais désirs; les enfants croissaient dans des croyances religieuses; les avis des pères étaient respectés comme leurs cheveux blancs. Nous en prenons à témoin des quartiers entiers de la capitale, tels que la cité, l'île Saint-Louis, les rues Saint-Denis et Saint-Martin, une grande partie du faubourg Saint-Germain; les manoirs où l'honneur héréditaire veillait à la transmission des antiques vertus, et les hameaux où des mœurs patriarcales passaient également d'une génération à l'autre!

Le plus grand tort de ces temps était un oubli trop réel des besoins de la classe indigente et laborieuse, un refus d'admission du mérite et du talent dans les hauts emplois de l'État, ce qui tenait à la constitution même du pays, et un despect, chez les grands, de ce qui n'était ni noble, ni riche, ni blasonné. A ceux-ci on a imputé des violences; au moins ont-elles été peu nombreuses dans les dernières années de la monarchie; l'esprit du siècle ne les permettait plus; il ne tolérait qu'une politesse qui mettait chacun à sa place, et qui, par excès, était quelquefois écrasante.

Par quels moyens arrive-t-on, en effet, à détériorer les mœurs d'un peuple? Qu'est-ce qui leur portera un coup mortel? Les livres, les spectacles, les journaux, seront leurs premiers dissolvants, si l'esprit en est mauvais. Dans les jours dont nous nous occupons, il y avait peu de salles de spectacle. Encore eût-on souhaité que les représentations y fussent moins graveleuses. Au moins les prix d'admission en étaient assez élevés pour que la mère de famille crût forfaire à l'économie domestique en y achetant un droit de présence; ce qui n'était pas à regretter, car déjà Beaumarchais, en préludant au mépris du pouvoir et des liens de famille, avait chargé la mine dont l'explosion était prochaine. Trois feuilles publiques, dont deux au plus quotidiennes, suffisaient à un nombre très restreint d'abonnés : c'étaient les *Petites Af-*

fiches, le *Journal de Paris* et le *Mercure*, lecture, certes, très innocente, et l'on serait tenté de reprocher à l'autorité, qui, seule, par sa censure incontestée, avait alors la police des journaux, cette parcimonie de publications, inexcusable dans tout gouvernement jaloux de répandre une saine instruction au sein des villes et des campagnes.

L'Angleterre avait été plus heureuse. Après la dernière expulsion des Stuarts, Adisson, Jonhson, Swift, Daniel de Foë, Steele, convinrent de collaborer à un journal sans périodicité réglée, qui, sous le titre du *Spectateur*, mérita l'estime des sincères amis de l'ordre social. Sa vogue fut telle que, dans chaque habitation rurale, les pères et les enfants, groupés au seuil de leur porte, guettaient l'arrivée du facteur chargé du discours impatiemment attendu. Avec une prime sagement répartie entre des écrivains d'un talent éprouvé, nous croyons qu'une entreprise de cette nature ne resterait pas chez nous sans succès. Nous ne lui demanderions que de raffermir les bases ébranlées de la morale publique. Au moins, comme antidote, elle aurait son opportunité.

Passons aux livres édités avant 1789. Certes, ils n'étaient pas tous irréprochables. Voltaire, il est vrai, avait commencé son œuvre de démolition; mais se bornant à une sape occulte, il avait des intermittences de sagesse et de bon goût. Ajoutons que dans ce qu'il signait, la langue était non-seulement respectée, mais encore ennoblie. D'ailleurs, une partie de la classe moyenne lisait peu; le peuple proprement dit, encore moins. Rousseau, qui a plutôt fortifié qu'affaibli les principes sur lesquels vit toute société humaine, faisait chérir les champs, un toit modeste, et les plaisirs où la vertu ne court pas de périls. Rarement les livres corrupteurs étaient mis en circulation. Leur nombre se bornait à une douzaine de productions, parmi lesquelles nous compterons celles de Crébillon fils, de Laclos, de Louvet, de Diderot, de l'auteur de *Candide*, car Parny n'avait pas encore publié sa *Guerre des dieux*, et le *Bélisaire* de Marmontel n'était que soporifi-

que. Les obscénités écrites, peintes ou gravées se cachaient, ou ne se plaçaient que sous les yeux de ceux qui, en fait de mœurs, n'avaient rien à perdre. Les romans, admis entre les murs d'une maison de ville ou de campagne, étaient clair-semés et honnêtes. Presque personne ne s'occupait des visions nébuleuses et mensongèrement philosophiques de la Germanie. Par malheur, Goëthe nous avait décoché son *Werther*, le plus dangereux de tous les livres, où le goût de l'adultère commençait à poindre; production encore aujourd'hui prônée au-delà de ses mérites littéraires, calque misérable qui a servi à une foule de copies du même genre, et arme perfide dont la détente a nationalisé le suicide en France. En faible indemnité de cette violation du droit des gens, le même pays nous a donné quelques romans agréables, esquissés avec grâce par madame de Montolieu et Auguste la Fontaine. Ceux qu'à pareille époque nous devions à la Grande-Bretagne ne pouvaient laisser de mauvaises impressions dans les esprits, et c'est sans aucun dommage pour nous que Richardson, Fielding, Goldsmith et miss Burney avaient passé le détroit.

Nous le confesserons avec douleur, le haut clergé gallican, dépositaire chez nous des saines doctrines, ne les fortifiait pas toujours de l'autorité de son exemple. Pasteurs des peuples, les évêques, affranchis de la loi de résidence, s'abstenaient presque tous de les conduire dans les pacages ouverts à nos plus vrais besoins par le fondateur divin du christianisme. Mais les curés, mais les vicaires, nourrissaient la foi chancelante; ils en dérivaient les sources vers les terres les plus stériles; ils apprenaient aux affligés la résignation, aux indigents le travail sans murmure, à la fille modeste le respect d'elle-même. Tenant sa place vénérée dans la carte du village, le presbytère était un asyle hospitalier souvent ouvert au voyageur attardé, et toujours à l'infortune. L'Éternel était adoré en esprit et en vérité sur ses autels, soit qu'ils s'élevassent à l'abri d'une hardie coupole, soit que, plus modestement, ils se dressassent à l'ombre des bocages, car le panthéisme n'avait pas encore divinisé la matière, et *Dieu* n'avait pas été réduit philosophiquement à une abstraction éclectique. C'était une pensée vivante exactement personnifiée dans le Christ sous le chaume de la cabane, comme sous les plafonds ornementés du château. L'heure du pur déisme, trop peu saisissable par l'esprit des masses, n'avait pas sonné.

Que devait-il advenir de la religion et de ses ministres en 1789, et surtout en 1793? L'épiscopat entier disparut de la surface de la France. La tourmente révolutionnaire le balaya, ainsi qu'un vent impétueux chasse devant lui le feuillage desséché de l'automne. Se sentant peu dignes de la gloire du martyre, et jugeant le sol trop brûlant sous leurs pieds, les prélats ont demandé un asyle moins périlleux à la froide Albion et aux glaces de la Néva. Ainsi retranchés, ils ont, pour l'acquit de leur conscience, envoyé des mandements impératifs à de pauvres prêtres qui, après avoir porté le poids des jours mauvais, après avoir sauvé d'extinction le feu sacré de l'Évangile, ont cimenté de leur sang, sur les échafauds, la foi dont ils avaient été les seuls et fidèles gardiens.

Ce n'est pas un roman que nous venons de crayonner. Si nous ne craignions de paraître prolixe, nous citerions des faits nombreux à l'appui de nos paroles. Non! la France n'était pas aussi corrompue que le prétendent des écrivains abusés par des chroniques d'antichambre, ou par un esprit de système, dans lequel le blâme du passé entrait comme pièce justificative des excès du présent. Dulaure, en effet, en publiant son *Histoire de Paris*, a jeté dans le public un livre d'opposition à la dynastie régnante, assez peu sage pour vouloir exhumer l'ancien régime. Sa plume a généralisé ce qui appartenait à des individus ou à de simples catégories. Ajoutons qu'il s'est borné à ne mettre en relief que les vices et les torts des âges soumis à son examen, et qu'il a péché par omission, en ne tenant aucun compte des vertus et des améliorations, successivement introduites, qui en étaient le légitime contrepoids. Son livre est une médaille sans revers, à laquelle il sera accordé peu de foi historique.

Tenons pour certain que, par une loi toute providentielle, une nation arrivée à une grande immoralité, nous voulons dire corrompue dans sa masse, a perdu tous ses éléments de durée. Ses propres crimes seront le lac de bitume dans lequel elle s'engloutira. Elle doit périr, ainsi que de grands empires ont disparu de la face de la terre, qu'ils souillaient de leurs désordres. Gâté dans ses humeurs, le corps de l'homme succombe à une décomposition plus ou moins lente : les sociétés humaines sont sujettes à une pareille destinée, quand le même ferment les travaille. Grâces à Dieu, nous n'en étions pas réduits là !

De ces antécédents, de cet état de situation bien établi, passons au *mouvement moral* de la France actuelle. Ce tableau sera digne de toute notre attention; il a deux faces, et on ne nous reprochera pas de les confondre. Nous ne saurions effectivement nous dissimuler les craintes que nous inspirent les altérations et les défectuosités manifestées, depuis assez longtemps, dans notre édifice social. Habitant de cette noble et antique demeure qui a eu, et qui a encore ses jours de gloire, nous tremblerions pour elle, si ces fissures menaçantes venaient à s'élargir. Heureusement nous avons lieu d'espérer que, sous la direction d'un maître habile, il en sera d'elle comme de ce temple, dit le Panthéon, qui, jeté dans les airs peut-être avec trop de hardiesse par le génie de Soufflot, s'affaissait sur ses bases, mais dont les colonnes, reprises en sous-œuvre, assurent aujourd'hui la durée, et auquel il ne manque présentement que d'être rendu au culte de nos pères, pour cesser de nous offrir le spectacle d'une déserte et froide sépulture.

Avant de sonder les blessures faites chez nous à la morale publique, fonction dont nous nous acquitterons avec courage, nous croyons devoir signaler les conquêtes dont elle a droit de s'enorgueillir. Nous ne les atténuerons pas. L'inventaire que nous allons en dresser nous autorisera plus tard, et sans encourir le reproche de prévention, à exposer sans ménagement et les attaques dont elle a été l'objet, et les pertes qu'elle a essuyées. L'exposé de notre *Mou-*

vement moral, tel que nous le concevons, sera donc une sorte de registre tenu en partie double. Il aura son actif et son passif : ainsi, chacun de nos lecteurs pourra arrêter la balance de ce bilan raisonné.

Lorsque l'Europe, par le traité de Pilnitz, se coalisait contre nous, elle ne se doutait pas de ce qui existait de puissance vitale dans notre pays. Il la devait à l'assemblée constituante, qui avait préparé par ses lois la fusion des parties diverses dont se composait l'antique monarchie. Si la division en départements n'a pas renversé les barrières qui séparaient les provinces en contrées presque étrangères les unes aux autres, elle les a du moins fort affaiblies. Les coutumes et les juridictions qui leur étaient particulières étaient dès lors toutes prêtes à tomber devant notre code civil, le plus beau monument qui nous reste de l'ère impériale. L'unité introduite dans toutes les branches de l'administration devint bientôt celle des intérêts : les esprits les plus divergents se rallièrent à un centre commun ; il y eut concorde là où auparavant il y avait guerre, moins les armes.

Ce grand résultat fut l'œuvre de Napoléon ; nous en jouissons aujourd'hui. Cet homme, peut-être encore plus législateur que guerrier, a compris de prime saut que diviser c'est affaiblir, que réunir c'est fortifier. Aussi s'est-il attaché, d'une part, à amoindrir l'esprit de localité en établissant divers degrés d'administration sous l'autorité de son conseil d'État ; de l'autre, à accroître la force de son gouvernement en ralliant trente millions d'hommes à ses lois civiles et militaires. Déjà nivelé par l'assemblée constituante, qui avait beaucoup détruit et peu édifié, notre sol permettait d'accomplir cette œuvre hardie de centralisation qui a fait de la France le tout le plus compacte et le plus homogène qui existe en Europe. La paix de l'intérieur y a trouvé son profit.

L'Angleterre se désigne par l'appellation des *trois royaumes unis,* mais tout le monde sait bien que, par le fait, ces trois royaumes sont désunis ! L'Autriche a sa Bohême, sa Hongrie, son Illyrie, son Tyrol, ses états héréditaires et ses états Italiques, entre lesquels il n'existe aucune connexité ; la Prusse n'a pu encore s'assimiler ses provinces Rhénanes ; ses possessions ne forment sur la carte qu'une lanière dont les peuples ne parlent seulement pas la même langue. L'Espagne a beau arborer son drapeau constitutionnel, la Murcie, l'Andalousie, les deux Castille, la Grenade, ne veulent pas se départir de leurs priviléges ; on ne peut les enlever à la révolte qu'en leur garantissant leurs *fueros.* La Suisse elle-même offre le spectacle d'une pareille incohérence. Ces divers États manqueront d'ensemble. Vous trouverez çà et là antipathie, haine, ou répulsion. C'est une sorte de fédéralisme sans véritable unité, tel que nous l'offrent l'ancienne Grèce, la Grèce moderne, les républiques du moyen âge, le Corps Germanique, la Suisse divisée en cantons démocratiques et aristocratiques, catholiques et protestants, la nouvelle Angleterre, dans laquelle une scission est inévitable, comme conséquence de sa climature ; et tel enfin que nous l'eussent donné les députés girondins, si, dans l'orgueil de leurs succès de tribune, ils avaient pu douer d'une vie éphémère leur fantôme de république. Le démembrement de la Pologne ajoute partout à ce défaut de cohésion.

C'est pour constater les avantages du mouvement moral et même intellectuel qui s'est opéré en France, que nous avons tracé cette rapide esquisse européenne et transatlantique ; elle doit nous servir à mieux apprécier notre situation. Il n'y a plus chez nous de Normandie, de Bretagne, de Bourgogne ou de Franche-Comté. Le midi et le nord de ce beau royaume se sont donné la main. Il existe entre eux une force de jonction sous laquelle le point de suture a disparu, et dont l'effet a été de créer une solidarité d'intérêts, source d'affections réciproques. Aussi, dans un jour de péril, la France pourrait se lever comme un seul homme. Il en résulte encore que nous avons déjà une histoire nationale et non celle d'une dynastie, sur laquelle cependant pivote notre ordre public, en vertu de notre régime constitutionnel.

Celui-ci ne serait menacé que par un surcroit d'autorité accordée aux conseils généraux de départements, qui ne tarderaient pas à se transformer en états provinciaux au petit pied. Ce serait alors, entre ces populations peu distancées, à qui arracherait les plus larges lambeaux aux tentures du trône; émulation qui paralyserait bientôt le bras des premiers dépositaires de la force motrice, haletants déjà sous les embarras suscités par l'administration des grandes communes. Nous livrons ce grave sujet de réflexions aux deux corps politiques de l'État. Il leur appartient de veiller à ce qu'une bonne situation ne soit pas gâtée; et elle le serait inévitablement si le pouvoir central perdait de sa force par l'affaiblissement de celle de ses agents de transmission d'ordres, tels que préfets, sous-préfets et maires. Il est permis, en effet, de dire que cette hiérarchie, née pendant le consultat, est devenue le palladium de la France; hors d'elle, il n'y aurait que trouble, confusion et immoralité, car un champ libre serait ouvert dans chaque localité aux plus ambitieux. On aurait dès lors à se demander de quelle utilité seraient deux chambres législatives délibérantes, et si la pensée publique n'a pas un écoulement suffisant par elles et par le journalisme. Voilà donc une amélioration nationale et morale au plus haut degré constatée. Passons ailleurs.

Nos pères, si scrupuleux en matière de religion et d'orthodoxie, ne l'étaient pas toujours en morale. Le prêt à la grosse, et souvent d'une manière usuraire, était admis chez eux; c'est sur quoi nous ne nous appesantirons pas, puisque l'argent, comme moyen d'échange, a des valeurs diverses selon les temps ou les opportunités. Ne voyons-nous pas que le nombre des signes monétaires, accru plus encore par les emprunts successifs de tous les États de l'Europe que par l'exploitation des mines, a eu pour effet de créer une masse de capitaux qui, en prenant place entre ces signes par les rentes qui y sont attachées, en diminuent réellement la puissance sans en changer le titre? De là le prix élevé des immeubles, qui ne donnent plus en revenu que 2 ou 3 p. 100; de là encore la hausse vénale des objets nécessaires à la vie, et par suite l'augmentation des salaires. Vienne une guerre, ces derniers seront en baisse; mais les signes monétaires, devenus plus rares par la dépréciation des rentes ou par la crainte que les capitaux auront de se produire, obtiendront un surcroît de valeur. Quoi qu'il en soit, l'usure est descendue aujourd'hui au plus bas degré de l'échelle sociale; et, en fait de moralité, ceci peut entrer en ligne de compte.

L'abolition des jeux publics, suivant nous, eût pu n'être que partielle; mais l'intention qui les a frappés dans leur généralité est digne d'éloges. Elle honore les corps délibérants qui ont prononcé leur interdiction. Peu importe, au surplus, que des opulents oisifs, étrangers ou indigènes, aux sens émoussés par l'abus des jouissances, en quête toutefois d'émotions qu'ils ne peuvent demander qu'au fatalisme des cartes, aillent les chercher dans d'autres contrées que la nôtre? Que nous fait même qu'ils portent ailleurs leur or et leur passions usées avant l'âge, si du moins nos pères de famille et nos fils ne sont plus immolés à cette idole qui transformait ses adorateurs en autant de victimes? C'était une chose difficile que de soumettre les jeux publics à une morale sévère; nous n'aurons garde de nous plaindre de leur abolition, dussent Baden-Baden, Spa et les autres salons d'Allemagne et d'Angleterre s'enrichir de nos justes scrupules! L'or qui chez nous tombait dans les coffres de l'État était taché de sang : nous l'avons repoussé; et puisse le nombre des suicides cesser de grossir la chronique parisienne! Mais malheureusement (et il faut l'imputer à des causes que nous indiquerons bientôt), depuis que notre ferme des jeux a passé outre-mer et outre-Rhin, les colonnes des feuilles quotidiennes n'affligent pas moins nos regards de ces tristes et irréligieuses funérailles.

L'abolition de la loterie est un vrai service rendu à la classe laborieuse, dont une prétendue roue de fortune pompait les salaires, échangés contre une espérance qu'elle ne réalisait jamais. Avec elle ont cessé les larcins domestiques. Ce mensonge, jeté comme un appât à la crédulité, était indigne d'un gouvernement paternel; les caisses d'épargnes, qui lui ont été substituées, dans leur caractère de bonté prévoyante, dispensent le pouvoir de recourir à des sévices, en même temps qu'elles diminuent les difficultés prêtes à l'assaillir dans les années calamiteuses. Honneur aux hommes qui ont propagé chez nous cette louable institution ! Honneur aux Benjamin Delessert et aux Larochefoucauld ! Nous accordons des distinctions flatteuses à l'auteur d'une partition, soit ! il a charmé les loisirs d'une société d'élite; nous décernons des bustes et des statues à l'astronome qui, par de savants calculs, a eu l'audace de déterminer dans le ciel la place d'une planète jusque là inaperçue, soit encore ! Il a ajouté un astre au catalogue des mondes connus de notre mince globe sublunaire; mais combien nous semblent mieux mériter de leur pays les citoyens qui ajoutent un motif de plus à la bonne conduite, et qui enlèvent à l'intempérance des occasions de chute et de désordre !

Jadis la traite des noirs avait lieu patemment sans aucun signe d'indignation publique. Les lois elles-mêmes s'étaient abaissées jusqu'à protéger ce commerce infâme; la religion se taisait. Des hommes timorés, dont la conscience se fût alarmée si, pendant un jour d'abstinence, la chair d'un quadrupède ou d'un volatille avait paru sur leur table, se livraient en toute tranquillité à cette déplorable spéculation. Ils devenaient actionnaires d'un navire négrier. Pour eux, l'homme devenait une marchandise, un colis, dont, par approximation, le cinquième, comme cargaison avariée, devait être jeté à la mer ! Cela n'est plus.

Un chef de famille, au sein de son opulence armoriée, obéissant à la loi de nature et à celle de son culte, remplissait sa maison d'enfants, tous soumis à une discipline sévère, peut-être maintenant trop en oubli. Il leur assignait par avance des destinées selon son bon plaisir, sans consulter ni leurs goûts ni leurs aptitudes. Pour faire un aîné riche, bien que déjà la loi y eût pourvu, il condamnait des cadets à la pauvreté, souvent au célibat. Telle jeune personne qui avait reçu en germe, de Dieu et de la nature, les qualités d'une bonne mère de famille, était poussée violemment vers un cloître, dont les verrous ne s'ouvriraient seulement pas pour rendre plus tard sa dépouille mortelle à la tombe héréditaire; car une religieuse - professe était censée n'avoir plus de parents au monde; les vœux une fois prononcés, c'était un trépas et les funérailles étaient seulement ajournées.

Tel jeune homme aux passions ardentes, au tempérament de feu, qui eût rempli avec distinction un emploi civil ou militaire, sans être consulté était voué à l'autel, et devenait par conséquent un mauvais prêtre. Aujourd'hui, les vocations sont libres; le cloître n'est plus un sépulcre ou une prison, mais un asyle, mais une retraite temporaire, suivant la volonté des recluses. La vie du prêtre étant aussi une vie spéciale, toute sainte, c'est à celui qui s'y consacre de consulter son cœur et ses forces. Le culte catholique ne changera pas sa loi : que l'homme s'éprouve donc lui-même, ainsi que l'a dit l'Apôtre (1), car il n'y a plus de vocation commandée depuis que l'autorité paternelle a fléchi, avec raison, devant celle du siècle; et au moins en cela le mouvement moral du pays a obtenu un progrès manifeste.

Le travail est, sans contredit, le meilleur gage de la moralité des peuples : félicitons-nous de ce que partout en France des ateliers soient prêts à recevoir l'homme qui veut s'occuper ! Chaque jour, la dot des hospices s'accroît. Chose inconnue de nos aïeux, des salles d'*asyle* sont ouvertes aux enfants dont les pères sont appelés par leurs devoirs loin du toit domestique; et les épouses elles-mêmes peuvent vaquer à leurs occupations, pendant qu'à peine échappé de leur sein, le fruit de leurs entrailles, recueilli dans les *crèches*, repose en paix ou reçoit un aliment salubre sous une surveillance presque maternelle ! De pareils établissements attestent une civilisation avancée, ou plutôt un esprit de charité venu de haut, et dont le souffle, émané primitivement du christianisme, s'est répandu sur la société entière. Car, dans de tels ac-

____

(1) *Probet se ipsum homo !* (Epist. B. Pauli.)

les, auxquels il a fallu des siècles d'incubation pour éclore, il y a plus que de cette philanthropie, chercheuse de publicité et quêteuse d'éloges, qui a voulu se substituer fastueusement à la fraternité de l'Évangile.

Il serait difficile de trouver en Europe un peuple qui vînt plus activement au secours des familles incendiées ou ruinées par des inondations. Ces deux éléments qui, dans leur fureur, sont les deux plus grands fléaux de l'humanité, l'eau et le feu, si on ne leur arrache la totalité de leurs victimes, trouvent au moins sur le sol de notre patrie des mains prêtes à effacer la trace de leurs ravages. Les cinquante centimes de l'ouvrier, inscrits sur la même feuille que la riche offrande du monarque, attesteront que, dans cette première moitié du XIXe siècle, l'espèce humaine, en France, a signé tacitement, et exécuté avec fidélité les clauses d'un contrat de garantie au profit du malheur. Salins rebâti et les bords consolés de la Loire en témoigneront à jamais! Si la terre, semblant oublier un moment la parole créatrice qui lui a ordonné une fécondité aussi durable que le monde, n'a pas épanché ses dons, dans la précédente année, d'une manière assez libérale pour l'alimentation du peuple de toutes les villes, de tous les hameaux de la France, les secours sont accourus avec le besoin; les hommes de toutes les classes se sont rappelés qu'ils sont frères, et jamais dans les anciens âges, dans de pareilles calamités, le précepte de l'Évangile n'a eu une plus sainte et plus noble exécution. Reconnaissons encore que, dans ce beau royaume des Francs, un sentiment de dignité personnelle a enfin pénétré jusqu'au cœur de la population. Une différence entre nos voisins d'outre-mer et nous n'échappera pas au lecteur : c'est que, chez l'aristocratie anglaise, ce sentiment n'est presque toujours que de l'orgueil et souvent que de la vanité. Tels lords ne vous inviteront pas à une fête, à un dîner, sans que le lendemain, le *Morning Chronicle* ne l'apprenne à l'univers. Leur hospitalité est arrogante, leur humanité superbe. En revanche, le reste de la nation rampera devant ses chefs. Si elle méprise le paysan français,

parce qu'il porte des sabots, elle est prête à s'agenouiller chez elle à la vue d'un cordon, d'un titre ou d'une jarretière. Nulle part la ligne de démarcation entre les rangs n'est plus sévère. Il n'y a pas jusqu'à la façon de frapper aux portes et d'en laisser tomber le marteau qui n'en rende témoignage.

L'introduction du système électif chez nous a produit un heureux effet, mais dont l'excès serait à craindre : c'est qu'en donnant à la classe moyenne une idée de son importance, il pourrait conduire la plus élevée à des actions dégradantes et contraires à la véritable dignité. Un autre inconvénient s'y rencontre : ne pourrait-il pas résulter de l'amour-propre d'un trop grand nombre de petits électeurs que, dans leur impuissance d'arriver en personne au Palais-Bourbon, ils fussent naturellement portés à faire de l'opposition au gouvernement, quel qu'il fût? Il n'est pas d'autre manière d'expliquer les choix de la capitale, qui, sur quatorze députés qu'elle nomme, n'en envoie à la chambre élective que trois avec la mission expresse de protéger une monarchie naissante, à la durée de laquelle toute la prospérité de l'industrie parisienne est pourtant attachée. Comment, en effet, expliquer l'oubli, dans ce nombre, de M. Benjamin Delessert? Quel citoyen eût pu y être un plus digne représentant de la grande cité et un plus irréprochable défenseur des vrais intérêts du pays? Sa perte est devenue pour tous deux un remords.

Il n'est pas hors de propos de dire ici que, dans cette amélioration de la condition humaine et de la moralité qui en est la conséquence, les femmes du peuple ont pris la meilleure part, partout où se parle notre belle langue française. Presque généralement, depuis le plus obscur hameau jusqu'au bourg voisin, et de celui-ci jusqu'à la ville, leur ton, leur caractère et les formes de leur langage ont acquis une supériorité à laquelle l'autre sexe ne peut atteindre. Leurs mœurs ont plus d'urbanité; leurs sentiments plus de délicatesse ; enfin, il y a une différence plus marquée entre un bon ouvrier et le chef de l'établissement où il travaille, qu'entre son épouse et celle de son maître.

Un dernier aveu ne nous coûtera pas plus que les précédents: en cela, aidé de propriétaires bien intentionnés, le gouvernement, par la fondation des écoles primaires, vient de préparer un meilleur avenir à la classe laborieuse. Cette œuvre mérite d'être encouragée; mais elle rencontre des difficultés qu'il appartient au temps seul de vaincre. L'instruction donnée aux enfants par les instituteurs communaux des deux sexes est généralement bonne ; celle que cet âge reçoit des frères des écoles Chrétiennes a peut-être l'avantage d'avoir un caractère plus religieux; toutes deux finiront sans doute par amener un progrès dans la morale publique, progrès qui serait déjà sensible s'il trouvait un appui dans les exemples du foyer paternel. La dette du pays envers l'enfance est du moins acquittée, bien qu'une génération entière ait à s'écouler avant que la société en recueille complètement le bienfait; car c'est au défaut d'éducation qu'il convient d'imputer la plupart des vices de la classe ouvrière. Mieux instruite, elle serait moins adonnée à l'intempérance ; ce qui est essentiel, elle saurait que les droits ne doivent jamais naître que de l'accomplissement des devoirs.

Des hommes de bien, par des discours mis à la portée des esprits sans culture, travaillent tous les jours à combler ce vide creusé entre la classe éclairée et celle qui ne l'est pas. Il serait injuste d'oublier qu'au *Conservatoire* des arts et métiers, des paroles de sagesse sont souvent prononcées avec succès, et que tout nouvellement le *Moniteur* a publié des réflexions très judicieuses sur la nature de l'enseignement à donner aux ouvriers, et sur l'importance qu'ils doivent attacher aux *livrets*, gage de leur vie morale et occupée. L'auteur de cet écrit, dont chaque ligne tend à réveiller le sentiment de la dignité humaine là où malheureusement on travaillait autrefois à l'éteindre, est un ancien garde des sceaux qui s'est honoré doublement en rentrant dans le conseil d'État, auquel il a rendu le noble tribut de ses lumières (1).

Ce serait encourir un juste reproche que de ne pas tenir compte de l'attention prévoyante avec laquelle l'autorité ordonne aujourd'hui les fêtes publiques. Des distributions de comestibles, des secours d'argent, portés à domicile chez les familles nécessiteuses, ont remplacé ces ignobles orgies, pendant lesquelles on jetait au peuple sa pâture comme à un animal affamé. On a cessé d'avilir le pauvre qu'on soulage ; et le caractère auguste empreint par l'Éternel sur le front de sa créature est enfin respecté. Dans les plaisirs auxquels elle est conviée, sa vie n'est plus en péril ; les attelages des riches ne l'écraseront pas, ainsi qu'il en arriva à ces fêtes d'un fatal augure, sur la même place de la Concorde, où trente ans plus tard les illustres époux dont on célébrait l'union portèrent à l'échafaud, l'un sa tête royale, l'autre les grâces flétries, avant l'âge, d'une princesse qui fut la fille des Césars.

Plus d'une fois, en notre qualité de simple spectateur, nous avons admiré, dans ces soirées, le calme et le bon ordre avec lesquels reprend le chemin de ses logis, à flots pressés, mais sans collision, une population de trois ou quatre cent mille âmes! Cette mise en mouvement d'une pareille masse aurait quelque chose d'effrayant, si un mauvais esprit l'animait; la Providence y a pourvu, en faisant de l'homme un être éminemment sociable. Aussi voyez-vous alors les ouvriers aux bras robustes frayer un passage plus facile aux femmes et les époux porter sur leurs épaules, les enfants qui ont admiré les étoiles diaprées des fusées volantes. Toutefois nous croyons qu'à l'avenir, les chemins de fer, jetant un surcroît de population dans la capitale, ces fêtes ne laisseront pas d'être sérieusement critiques. Au moins exigeront-elles un redoublement de surveillance.

Nous ne saurions trop redire que la moralité de l'homme s'accroît du sentiment qu'il acquiert de sa propre dignité. Connaître qu'on peut se faire respecter d'autrui, est déjà un commencement d'estime de soi-

---

(1) M. Vivien, ancien garde des sceaux, aujourd'hui conseiller d'État en service ordinaire. Les excellentes allocutions de M. Charles Dupin au *Conservatoire* ne peuvent non plus être oubliées.

même. Rien de plus propre à produire cet effet, dans un pays, que l'égalité de droits à laquelle se refusait chez nous la constitution de l'État, fondée sur trois ordres distincts, entre lesquels le plus important de tous occupait la moindre place. Par exception, quelques hommes, sortis immédiatement de la masse plébéienne, parvenaient aux premières magistratures, aux hauts grades de l'armée ou à ceux de l'Église. Le vent de 1789 a soufflé sur cette hiérarchie politique. La chambre des pairs elle-même se recrute partout. Une telle combinaison assure-t-elle assez l'indépendance de l'un de nos grands pouvoirs? C'est une question que le temps seul pourra résoudre.

Quoi qu'il en soit, là où il n'y a plus de grands, il n'y a plus de petits. Nul, en France, ne naît ni capable ni incapable. Pour personne, il n'y a ni admission, ni exclusion formulée dès le berceau ; la porte est ouverte à tous, sous la seule loi d'y frapper au nom du talent et des services rendus à l'État. Le niveau qui se promène sur toutes les têtes dès leur naissance n'empêchera plus tard aucune de s'élever, aucune de s'abaisser selon leurs mérites respectifs : il faut en convenir, il y a là un gage de moralité pour un peuple. Aussi a-t-il porté ses fruits. De grandes renommées ont dû surgir. Le génie s'est fait jour. Les hauts emplois, la considération qui s'y attache, la fortune qui en est la conséquence, ont réveillé bien des ambitions subalternes. Celles-ci ont voulu prendre part au maniement des affaires ou l'entraver. Dans la surexcitation de ces amours-propres, souvent désappointés, on a vu un péril. On ne se figure pas, en effet, combien de cerveaux ont été frappés de délire par les succès de quelques hommes supérieurs, venus de loin, mais qu'un mérite hors de ligne a portés dans les conseils du prince, ou dans une opposition qui aspire légalement à y prendre place à son tour !

C'est ce qu'il fallait prévoir. Au reste, le danger qui en résulte nous semble exagéré; le bon sens national fera bientôt justice de toutes les prétentions sans titres positifs à l'estime. D'ailleurs, quand on a reconnu les avantages d'un système, quand, dans son ensemble, il est favorable non-seulement à la production des talents, mais encore à la dignité de l'espèce humaine, il est d'une conséquence rigoureuse d'en accepter les inconvénients. Ramenez en France le règne du bon plaisir; promettez-nous au moins les douceurs du gouvernement prétendu paternel de l'Autriche, ou bien, fidèles à vos révolutions de 89 et de 1830, souffrez qu'en récompensant les grands services rendus à l'État, on propage dans tous les rangs la recherche d'une gloire qui, si elle n'est pas exempte de périls, n'est pas dépourvue de moralité! Qui contesterait les avantages nés de la création d'un esprit public dans un pays? et n'est-ce pas quelque chose d'important à la vie intellectuelle d'une nation, que d'assister à ces luttes parlementaires, où un orateur, souvent sans autre ambition personnelle que celle d'assurer le bonheur de son pays, plaide et gagne la cause sainte de l'ordre et du respect des lois?

Sans être la morale d'un cloître, celle d'un peuple qui veut vivre doit s'appuyer aussi sur une religion. Celle-ci pour porter des fruits a besoin d'un culte. Le culte, en effet, composé d'aspirations vers le Tout-Puissant, de prières et de bonnes œuvres, est à l'âme ce que le labour et les engrais sont à la terre; l'une et l'autre, pour être productives, veulent une culture : sous ce rapport, il y a certes progrès en France. L'hommage rendu à Dieu y est sincère, car l'hypocrisie ne serait aujourd'hui qu'un état de contrainte sans bénéfice, et pourtant les temples ne sont pas vides d'adorateurs! La parole sainte y est recueillie par des oreilles attentives; la charité de l'Évangile a détrôné la philanthropie vaniteuse ; les écrits irréligieux sont rares ou passent inaperçus; l'autel est honoré dans ses ministres; l'ironie et le sarcasme se taisent en leur présence; le presbytère a retrouvé son profil modeste dans la topographie du village; et des dons, peut-être un peu prodigues, s'appliquent à l'ornement du sanctuaire. Il les doit à des testaments : nous aimerions mieux que ce fût à des donations; le donateur, en effet, se prive, tandis que le testateur dépouille autrui. Il est évident que le peuple français s'est tourné vers sa religion, et il est bon de le constater, sans toutefois que nous approuvions l'excessive multiplicité des congrégations religieuses.

Nous avons atteint la limite des progrès que nous avons cru remarquer dans le *mouvement de la moralité* française. Notre tâche va devenir pénible; mais, nous l'avons dit, nous aurons le courage de la fournir. Nous n'avons pas dissimulé le bien; autant que nos moyens nous l'ont permis, nous l'avons mis dans son jour : pourquoi ne traiterions-nous pas avec une égale franchise le mal qui nous presse et qui nous talonne? Jeter un voile sur les plaies d'un corps malade, ce n'est pas les guérir; le médecin qui en userait ainsi serait punissable; et l'écrivain qui veut être moraliste serait coupable envers son siècle, si un mensonge adulateur sortait de sa plume.

P'arlons d'abord des récompenses honorifiques ou pécuniaires décernées à la vertu par les sociétés savantes ou par le gouvernement lui-même, récompenses distribuées à son de trompes et à grandes clameurs de journaux. Que vous rémunériez ainsi l'auteur d'un beau travail historique, d'une découverte importante dans les arts ou dans les sciences, d'une œuvre de théâtre qui appelle de nobles sympathies, ou même d'une comédie dans laquelle le vice soit flagellé par le ridicule, rien là qui soit messéant, rien qui ne soit mérité et convenable. C'est pour cette publicité que l'annaliste, le poète, le géomètre et le mathématicien ont vu, sous les premiers rayons du jour, pâlir ceux de leur lampe solitaire. Ils ont veillé pour améliorer le sort de leur famille, ils ont voulu la célébrité : vous leur donnez les deux sortes de monnaie qu'ils ont cherchées! vous les leur livrez devant un cercle de notabilités nationales et de femmes qui, parées de leurs grâces naturelles encore plus que de leurs toilettes élégantes, applaudissent au talent couronné presque de leurs propres mains; à cela encore rien que de juste, rien qui ne soit dans l'ordre d'une civilisation sagement progressive.

Mais savez-vous ce que vous faites en appelant la vertu à recevoir votre or et vos éloges en face du soleil, et sous le retentissement des cent trompettes de la renommée? Apprenez que vous ne commettez rien moins qu'une impiété! vos paroles louangeuses sont insolentes envers le ciel, que vous dépouillez de son droit de récompense ; et dites-le nous, d'où vous vient cette audace de substituer votre gloire mondaine à cette gloire ineffable dont le juste espère s'entourer au sein d'un bonheur éternel? Certes, votre hardiesse est grande de prétendre soumettre à la publicité, ce qui tirait son prix de la modestie discrète et de l'ombre dans lesquelles la vertu se réfugiait comme dans un sanctuaire inaccessible à tous les regards! Qui sait si vos récits éloquents ne susciteront pas un sentiment de vanité dans des âmes qui, jusque là, n'avaient agi que sous la seule inspiration d'une bonté pieuse et compatissante? Qui sait si, en traçant ces sacrifices et ces nobles immolations sur les colonnes de vos journaux, vous n'obligerez pas l'ange commis à la garde des registres du ciel à y effacer, comme déjà acquittée par vous, la dette que l'Éternel avait contractée envers sa créature? En effet, dès que vous distribuez à bureau ouvert de la gloire et de l'or, que reste-t-il à faire après vous? qu'attendre de celui qui a voulu que la main gauche ignorât ce que donne la main droite! Le cœur de l'homme vertueux qui soulage son semblable est le plus beau temple qui puisse être élevé au Tout-Puissant : de grâce, n'en chassez pas la Divinité!

En vain vous nous demanderez si nous voulons proscrire les récompenses honorifiques accordées au courage et au mérite, et si la vertu elle-même doit périr d'inanition sur l'âtre de son foyer refroidi et sous son toit ouvert à tous les vents. Non, telle n'est pas notre volonté. Attachez des rubans d'honneur sur la poitrine des savants et des braves; ils sont là bien placés! Secourez la misère honnête, puisque le trésor public et les legs des sages vous en ont laissé les moyens! que votre or vienne en aide à la bonté généreuse et compatissante dont les sacrifices excèdent quelquefois la force humaine! mais ne la traînez pas au grand jour de la publicité, car elle pourrait y périr. Que vos bienfaits arrivent obscurément à ce qui, de son essence, veut et doit rester obscur ! Taisez au moins les noms, ne les affichez pas sur les colonnes de vos journaux à l'instar des représentations théâtrales , et réservez vos assemblées publiques pour le triomphe de vos érudits , de vos orateurs et de vos poètes. Ne leur épargnez pas les applaudissements; ils sont avides de cette pâture, à laquelle ils ont droit par un travail consciencieux, car, si l'arbre de la science demande à être cultivé dans la solitude, il aime à fleurir au grand jour; et sachez enfin que vos distributions des prix Monthyon, telles que vous les faites aujourd'hui, ne sont que des profanations, puisque vous touchez mondainement à ce qu'il y a de plus saint sur la terre et à ce qui appartenait déjà au ciel !

Si l'état de la littérature d'un peuple était la véridique expression de celui de sa moralité, nous serions en France aujourd'hui trop à plaindre. Heureusement nous ne sommes pas encore descendus aussi bas. Notre littérature la plus généralement répandue et qui, par la force des choses, a un cours populaire (nous parlons de celle des journaux et des théâtres), nous calomnierait, si on la prenait pour mesure exacte de notre situation morale. Il est possible qu'à la longue et sous sa funeste influence, cet état se détériore, mais pour le moment, nous valons un peu mieux qu'elle; le déclarer, certes, ce n'est pas cesser d'être modeste.

Occupons-nous d'abord des journaux : la forme de notre régime constitutionnel veut qu'ils soient dégagés d'entraves et universellement répandus; ce dont nous n'aurons garde de nous plaindre, car leur état de gêne ou leur absence serait la mort de la liberté. Toutefois , cet instrument est plus puissant qu'on ne l'a cru, et c'est un levier dont on n'avait pas calculé toute la force. Quatrième pouvoir dans notre monarchie, il oblige souvent les trois autres à fléchir humblement devant lui. En effet, il est rare qu'au milieu d'une foule de lecteurs, il s'en rencontre quelques-uns qui sachent juger leur journal. Presque tous finissant par en adopter l'esprit et les opinions, il faudrait qu'une feuille tombât dans une extravagance palpable pour qu'elle encourût la désapprobation de l'abonné. Ainsi , par exemple , est-il arrivé du blâme jeté par certains journalistes sur le mariage du duc de Montpensier : cette faute de l'opposition fut assez lourde , pour qu'en cela plusieurs de ses lecteurs ordinaires lui fissent défaut. Comme ce qu'il y a de meilleur au monde, la liberté de la presse quotidienne peut produire beaucoup de bien et beaucoup de mal : puisque sans elle notre gouvernement représentatif ne saurait fonctionner, acceptons-la avec ses risques et périls. Après cette franche déclaration, on ne nous accusera pas de vouloir la soumettre à un état d'oppression. Notre seul désir est de lui épargner des écarts contre lesquels , nous le confessons volontiers , l'action de la loi serait presque toujours impuissante.

Les journaux, pour parler avec exactitude, sont devenus la bibliothèque du peuple. Non-seulement ils le fournissent de nouvelles publiques, de débats judiciaires, de documents commerciaux, de récits de voyageurs, de fluctuations de bourse et de dissertations dites philosophiques; ils lui livrent encore des romans, et les romans sont devenus une littérature tout entière mise à la portée des diverses conditions de la vie humaine. Ils sont lus dans la mansarde de la jeune modiste, ainsi que dans le boudoir de la duchesse; de la main de l'une, ils passent dans celle de l'autre , et ils sont attendus de toutes deux avec la même impatience. Riche d'un tel cadre et d'une aussi nombreuse clientèle, que de bien eût pu opérer une société de gens de lettres animés d'intentions vertueuses ! quel moyen de moralisation , si on avait voulu marcher sur les traces d'Adisson , de Steele et de leurs dignes collaborateurs ! Notez que les conjonctures au milieu desquelles nous vivons sont absolument semblables à celles où se trouvaient les écrivains du *Spectateur* anglais après la chute des Stuarts. Nous ne voyons pas pourquoi nos prosateurs français n'auraient pas eu le courage de défendre chez nous la cause des mœurs, de l'ordre, de la vraie liberté et du bon goût, ainsi qu'il arriva en Angleterre dans des jours où les passions nées d'une grande crise politique fermentaient dans toute leur force?

Plusieurs de nos gens de lettres ne manquent pas d'instruction ; quelques-uns ont donné des preuves de talents : mais quel en a été l'usage ? qu'est devenu le feuilleton des journaux sous leur plume ? quelle nature d'intérêt se sont-ils efforcés d'y créer et ont-ils réussi à y produire ? Voyons-le : la soif de l'argent et des jouissances sensuelles les plus dispendieuses a tout perverti. On a couru après l'abonné, et, au lieu de l'attaquer par ses plus nobles sentiments, au lieu de parler à son cœur et à sa justice, ce sont des tableaux lubriques qu'on a placés imprudemment sous ses yeux ; c'est la fange de la société que l'on a fait grouiller et monter jusqu'à sa porte ! on a voulu le gagner à tout prix, et, que l'on nous passe cette expression, on l'a pris par ses parties honteuses ! Le succès des premiers essais en ce genre a eu des conséquences funestes. Il n'est pas une feuille, quotidienne ou non, qui ait échappé à cette influence. L'excitation s'est accrue par l'excitation ; les stimulants se sont succédé à plus forte dose ; il semblait qu'on eût à galvaniser des cadavres, et le proverbe latin que nous allons traduire s'est trouvé malheureusement justifié ! « Les viandes gâtées demandent de l'origan (1). » Le crime et toujous le crime, quelque fois avec des formes trop séduisantes pour la jeunesse, aux regards de laquelle le père de famille ne pouvait soustraire la feuille corruptrice, tel est le spectacle quotidien offert au lecteur depuis des années ! Une tentative de feuilleton plus honnête et plus décent eût été repoussée, comme ruineuse, par l'administration d'un journal. Tel abonné cependant eût pu dire à son rédacteur : « Prenez mon argent, et laissez-« moi au moins la probité de mes fils et la « pudeur de mes filles ! »

Par bonheur, on se lasse de tout, même de l'immoralité, car elle est antipathique à l'âme humaine. Ainsi, la mine est à peu près épuisée, et ce déplorable genre d'exploitation touche à sa fin. Parlons à présent des feuilles judiciaires : nous ne saurions couvrir de notre silence cette autre plaie dont souffre gravement la morale de notre pays.

(1) *Malè salsamenta amant origanum.*

A coup sûr, la publicité de nos audiences criminelles a des inconvénients, mais elle est indispensable. Le récit de ce qui s'y passe est-il également nécessaire ? Nous ne le pensons pas. Les débats, les plaidoiries orales, les conclusions des gens du roi, et les portes ouvertes du sanctuaire de la justice ont déjà des caractères de notoriété, confirmée par les sentences et les arrêts des cours royales ou des tribunaux de première instance. Tous les jours nos murailles en sont tapissées. Qu'exiger de plus ? croyez-vous que la lecture habituelle de la *Gazette des Tribunaux* ne familiarise pas une jeune femme avec le spectacle scandaleux des séparations de corps et des adultères qui les ont provoquées ? Cette lecture de chaque matin a certainement ses périls. Plus d'un ménage où les époux vivaient dans une douce harmonie, lui aura dû un triste désaccord. Ne faisons pas la nature humaine meilleure qu'elle ne l'est : elle a besoin de bons exemples ; les mauvais, placés incessamment sous ses yeux, finissent toujours par la corrompre. N'en doutons pas : le récit imprimé des forfaits, des moyens employés pour y parvenir, de l'audace des coupables, de l'adresse de leurs réponses évasives, ou calquées sur la connaissance des pénalités écrites dans les codes d'instruction criminelle, devient à la longue pour l'enfant du peuple un apprentissage de vol et de mauvaises mœurs. La moralité de la France en a sensiblement souffert. De quel droit s'en étonnerait-on ? est-ce que les vices de l'âme ne sont pas contagieux, comme certaines maladies du corps, qui, par transmission, s'attaquent aux meilleurs tempéraments ? A cette occasion, il nous paraît opportun de citer un fait fort remarquable, consigné dans le *Morning Chronicle* de l'année 1833. Nous espérons que notre mémoire sera assez fidèle pour n'altérer en rien d'essentiel ce récit justificatif de notre opinion.

« Miss Élène, domestique chez un petit marchand de la Cité, disparut. Son maître, homme d'une moralité assez douteuse, alla se constituer prisonnier et se dénonça comme auteur de l'assassinat de cette fille. Pressé de questions, il entra dans des détails qui attestaient sa culpabilité. Rien ne fut omis de ce qui pouvait constituer un meurtre et des précautions prises pour en faire disparaître la trace. Quelques jours se passèrent. Après ce commencement d'instruction, Miss Élène reparut jouissant d'une parfaite santé.

« Interrogé de rechef, à la suite de quelques hésitations, voici ce que le maniaque répondit au shérif :

« Ce sont, dit-il, ces maudits journaux « qui m'ont perdu ! A force de les lire et d'y « trouver des récits de meurtres et des « confessions d'assassins, ma cervelle s'est « troublée. J'ai voulu aussi me montrer à « la cour des assises et figurer dans les pa- « piers publics. Voilà comment je me suis « placé dans la mauvaise situation où je me « vois aujourd'hui. Soyez sûr, monsieur le « président, que je ne lirai jamais plus de « journaux ! »

Nous voudrions savoir maintenant si une lecture qui a produit un tel effet sur un individu encore peu familiarisé avec le crime n'en doit pas opérer un bien plus réel sur des individus dont l'éducation a été nulle, peut-être vicieuse, surtout quand elle se rencontre avec une absence à peu près complète de sentiments religieux ? A de pareils êtres, que coûtera un meurtre, fatalement suivi d'un bénéfice matériel, lorsque tant d'exemples d'attentats s'offrent à leurs souvenirs dans des détails et des circonstances qui, au lieu de les effrayer, provoquent en eux les appétits d'une nature mauvaise et corrompue !

Dans les dernières années qui se sont écoulées, nous avons vu avec douleur les crimes contre les personnes se multiplier. Plusieurs ont été exécutés avec un caractère atroce d'inhumanité. Pour assurer le vol, le meurtre a été souvent commis. Nous n'en tirerons pas une induction trop aggravante au préjudice de l'état moral de la société, car il est de notoriété publique que les attentats dont elle a eu le plus à gémir, sont l'œuvre de récidivistes libérés ou de forçats échappés aux bagnes. Depuis longtemps de bons esprits ont supplié les trois pouvoirs législatifs de fixer un local de déportation salubre, isolé, éloigné des côtes de France,

et d'allouer les fonds nécessaires pour y établir de petites cultures, où les coupables, surveillés par une force militaire qui se renouvellerait, pussent expier leurs crimes et même renaître à la vertu par l'accomplissement de leurs devoirs de famille. Ces supplications ont été sans suite, et l'on en porte aujourd'hui la peine. Le mal va toujours croissant ; y obvier serait difficile, car il y aurait, à la fois, imprévoyance et injustice à prétendre que l'être sur le front duquel un arrêt imprime un signe d'opprobre vécût jamais en paix avec une société qui le repousse ! En vain nos philanthropes parlent en sa faveur de réhabilitation : pas un d'eux ne voudrait lui ouvrir sa porte, pas un ne consentirait à dormir sous sa garde. Si quelques-uns, pourtant, pour l'honneur de leur système humanitaire, avaient la condescendance de l'admettre sous leur toit, leurs autres serviteurs refuseraient d'entrer en communication avec lui, de s'asseoir à la même table et de respirer le même air. Ne nous affligeons pas trop d'une pareille répulsion, puisqu'elle tient à un sentiment honorable. Car, si Dieu, dans sa suprême bonté, pardonne au repentir, dont il est le seul appréciateur ; une société qui veut vivre ne pardonnera jamais à l'infamie.

Cependant il faut que ce malheureux vive ; à Dieu ne plaise, en effet, qu'avec un ancien ministre nous disions n'en pas voir la nécessité ! Connu dans la résidence que vous lui avez assignée, et où tout lui est refusé, jusqu'au travail, il faut donc qu'il s'éloigne d'une cité devenue pour lui inhospitalière ; ainsi, il commencera par se constituer en rupture de ban. Condamné à l'obscurité, la cherchant dans la vaste enceinte d'une capitale, la seule qui puisse la lui offrir, reconnu bientôt par d'anciens complices transfuges comme lui, il devra, avec eux, au vol, l'aliment de sa misérable vie ; et, pour échapper à la main de la justice, il fera bon marché de l'existence des citoyens. Vous l'avez voulu ; à vous la faute ! à vous la coulpe ! car vous ne pouviez supposer que cet échappé du bagne eût assez de vertu pour se résigner à mourir de faim au coin d'une borne. Nous livrons ce triste sujet de continuelles alarmes à la méditation de nos législateurs. C'est à eux d'y pourvoir. Ce n'est pas, en effet, avec leurs cellules pénitentiaires qu'ils y porteront remède. Paris y est particulièrement intéressé, puisque les malfaiteurs libérés, par nécessité y doivent accourir, et qu'une vaste capitale, vers laquelle convergent tous les chemins de fer de l'Europe, sera toujours leur refuge le plus sûr.

Tournons maintenant nos regards vers la seconde école du peuple, et, à bien dire, sa seconde littérature, après celle des journaux : nous n'aurons garde de soutenir, comme l'ont prétendu plusieurs écrivains anciens et modernes, que le théâtre soit jamais une école de mœurs. Les vices qui y sont attaqués, les travers de l'espèce humaine sur lesquels ils versent le ridicule, n'ont guère corrigé de spectateurs, soit qu'ils ne se soient pas reconnus dans les personnages mis en scène sous leurs yeux, soit qu'ils se soient envisagés avec une sorte de satisfaction dans ce miroir véridique. Quels libertins, en effet, après avoir assisté à la représentation du *Dom Juan* de Mozart ou de Molière, ont redouté de consommer la ruine d'une jeune femme déjà enveloppée de leurs séductions? qui d'entre eux, se faisant une gloire de marcher sur les traces de ce corrupteur devenu presque classique, ne s'est pas efforcé de grossir la liste de ses victimes? La triste destinée de *Beverley* et ses remords ont-ils diminué le nombre des joueurs? Le poème immortel du *Tartufe* (car c'est vraiment un poème) a-t-il banni l'hypocrisie de la face de la terre? Le *Menteur* de Corneille a-t-il rappelé un seul de ses spectateurs à l'amour de la vérité; et le *Glorieux* de Destouches a-t-il rendu plus modestes les hommes infatués de leur prétendu mérite? non! qui sait même si l'esprit, la hardiesse et jusqu'au cynisme des personnages représentés ne renforcent pas l'énergie des passions chez les individus qui en sont atteints? En suivant les conséquences de cette probabilité, nous craindrions de donner à nos observations une apparence déclamatoire. Nous irons jusqu'à confesser que les spectacles sont devenus une des nécessités des populations agglomérées dans les villes. Ils y offrent un dé-

lassement agréable aux gens laborieux, une diversion aux ennuyés, un passe-temps aux riches, une occasion aux femmes de se montrer dans l'éclat de leur parure et de leur beauté, et par suite un débouché ouvert aux artistes de toutes professions. A tout prendre, il vaut mieux que quelques étourdis et quelques libertins jettent leurs soirées avec leur or aux coulisses des théâtres que si, obéissants aux caprices de leur imagination déréglée, ils employaient les heures qui leur pèsent à porter le trouble au sein des familles honnêtes.

Encore faut-il que les théâtres ne deviennent pas une école de profonde immoralité : c'est la seule condition que nous mettrons à leur existence. Avant que nous examinions les nôtres sous ce rapport, il nous importe de placer ici quelques observations qui, peut-être, auront un caractère de nouveauté.

Aux plaintes portées contre les crimes de toute nature dont abondent nos représentations tragiques ou dramatiques, on a opposé que le théâtre grec, devenu le modèle de celui des Romains, ne s'est nourri que de pareilles catastrophes. Non sans une apparence de vérité, on a ajouté que nous avons reproduit celles-ci sur la scène française, et que les attentats de l'éternelle famille des Atrides ont défrayé la plupart des chefs-d'œuvre auxquels notre vénération est acquise. Dès lors, on a demandé hardiment pourquoi on se formaliserait de la liberté prise par les poètes modernes, et pourquoi il ne leur serait pas permis d'exploiter, à leur tour, chez nous, une mine, malheureusement assez riche par tout pays, de meurtres, de suicides, d'adultères et d'incestes?

On ne saurait, avec un peu de jugement, accepter ce parallèle, ni découvrir ici une ombre de similitude. La différence est palpable entre des crimes qui, appartenant à des siècles presque fabuleux, semblaient dominés par une fatalité dans laquelle ils trouvaient une sorte d'excuse, et des crimes rapprochés de nos jours, presque contemporains de la génération actuelle, commis en pleine liberté par leurs auteurs, œuvres de passions funestes qu'ils tendent à faire revivre aujourd'hui! Notez que les sujets dés tragédies anciennes, si bien adaptées à notre théâtre par l'admirable talent de Corneille, de Racine, de Voltaire et de quelques autres écrivains célèbres, sortent du cercle ordinaire des compositions lettrées, que le langage en est pompeux et héroïque, qu'aucun des individus auxquels il est donné de l'entendre ne sera tenté de s'élever à la hauteur, non moins grandiose que coupable, des *OEdipe*, des *Orestes*, des *Clitemnestre*, des *Sémiramis*, tandis que les spectateurs actuels ne se trouvent que trop taillés à la mesure de personnages dont les désirs, traduits sous les yeux de tous en actes, sont exprimés dans un langage qui, pour frapper plus bas, affecte d'être trivial et commun! Vous avez rapproché de la jeunesse des deux sexes vos tableaux immodestes; vous les avez rendus devant elle vivants de vérité, palpitants sous le nu; l'exemple a été mis à sa portée : comment voulez-vous qu'il ne lui profite pas?

Transformons notre pensée en image; donnons-lui même un corps : une actrice d'un beau talent a rendu à la scène française, avec leur noble et fatale énergie, la *Phèdre* et l'*Hermione* de Racine; croyezvous que, dans les cercles nombreux de femmes qui ont applaudi à ses efforts toujours couronnés de succès, il s'en soit rencontré une seule qui, sous l'inspiration des rôles où a paru la célèbre tragédienne, ait conçu des projets de meurtre, d'adultère ou d'inceste? nous ne le supposons pas. Mais nous soutiendrons qu'en sortant des représentations théâtrales où les mêmes passions criminelles sont aujourd'hui mises en mouvement, le spectateur est plus enclin vers ces actes monstrueux, commis par des personnages modernes, qu'on ne lui apprend point à haïr, et que très familièrement on fait surgir à ses côtés, soit de la boue du ruisseau, soit d'une alcôve royale.

C'est à regret, c'est en gémissant que nous le déclarons: excepté quelques œuvres dramatiques de bon goût et quelques comédies où l'on attaque avec courage les vices du moment présent, les écrivains du jour semblent céder à l'impulsion d'un mauvais génie. Si l'ensemble de la société marche vers une amélioration morale, comme

nous le croyons, ils retardent plus qu'ils ne favorisent ce mouvement; leur littérature, surtout au théâtre, est un arène où le bandit toujours vertueux, prend le pas sur le père de famille toujours coupable; où le front des monarques et celui des reines sont marqués du fer chaud réservé à celui des scélérats; où les instincts généreux ne font battre que le cœur des êtres voués aux professions les plus ignobles; où le prince est foulé aux pieds par le Thersite de sa cour; où l'aide arrive constamment à l'individu contre la société, à la rébellion contre la loi, au crime contre la peine, au vice élégant contre les bonnes mœurs, au scepticisme contre le sentiment religieux, à la force des appétits sensuels contre celle de l'âme; cette littérature enfin, depuis Goëthe, qui l'a instaurée, et lord Byron, qui a brûlé son encens poétique devant elle, jusqu'à nos jours, n'est qu'une littérature de désespérés ou de convulsionnaires. On serait tenté de dire que ses familiers ont été chargés de par l'ange des ténèbres de sonner l'agonie de la moralité humaine sur la terre.

Cette moralité pourtant ne périra pas! Déjà le bon goût de la nation entière s'est révolté contre la surprise et la violence qui, sous le titre de progrès, lui ont été faites; elle demande à se rasseoir sur les bases du bon et de l'honnête. Elle y parviendra si un oubli non moins menaçant ne la rejette, par une réaction trop naturelle, vers les doctrines d'une compagnie qui a compromis plus d'une fois la sûreté de notre ordre social.

Il faut l'avouer; les fautes de l'université, malheureusement plus occupée de l'instruction de la jeunesse que de son éducation, sa tendance vers une philosophie issue du germanisme, qui, après avoir promené les esprits dans les subtilités de l'idéologie, est aujourd'hui tombée en poussière, en ne laissant debout aucun principe de fixité auquel puisse se rallier la pensée humaine, et peut-être les torts de l'autorité, trop oublieuse de son droit de surveillance sur l'enseignement, ont contribué à jeter l'alarme dans le cœur des pères de famille. Avec leur adresse ordinaire, et bons juges des opportunités, les jésuites ont reparu. Des hommes honnêtes, effrayés du présent et ne se souvenant plus du passé, se sont tournés vers cet ordre religieux, qui, plus d'une fois, a poussé la monarchie aux abîmes ; d'autres, avec des intentions moins pures, l'ont envisagé comme le restaurateur promis du système politique qu'ils poursuivaient de leurs impuissants regrets. Chose peu croyable et pourtant réelle ! l'épiscopat français l'a adopté en qualité d'auxiliaire, a défendu sa cause dans des manifestes, a rompu pour lui des lances, et l'a adjoint au saint sacerdoce, comme si de pareils *auxiliaires* ne devenaient bientôt des *maîtres*, suivant le mot très judicieux du précédent archevêque de Paris. En cela, le clergé gallican ne s'est pas aperçu qu'il commettait un suicide. Sa conduite a été précisément celle de ces citoyens bien intentionnés qui, voyant l'incendie menacer un édifice, appellent les premiers venus au secours, sans s'imaginer qu'ils vont introduire des spoliateurs dans leur propre logis. On prétend même que de hauts et augustes personnages se seraient prêtés à cet appel, qui, dans notre opinion, serait le plus grand péril encouru par la monarchie de juillet 1830.

Disons, s'il le faut, toute la vérité à cette monarchie, chargée du dépôt de nos libertés civiles, politiques et religieuses.

Nous n'avons garde d'attaquer la compagnie des jésuites dans les individus dont elle se compose ; loin de nous la pensée de ce qui ressemblerait à une persécution ! mais nous l'examinerons dans son ensemble, dans ses statuts, dans ses traditions permanentes, dans ses doctrines restées les mêmes, au fond, quoique modifiées, depuis le père Lainez jusqu'à nous. *Bien qu'épars*, ses membres, sous le vœu qui les lie, formeront toujours un tout compact. Cette société a été très puissante pendant les trois derniers siècles révolus. En dépit des coups qu'on lui a portés, elle vit encore ; un mot de son chef l'a dispersée, un mot parti de la même bouche bientôt la réunirait. Elle vit, mais à tort ou à raison, universellement haïe ; or, une haine de trois siècles n'a pas lieu sans motifs, ce qui

ne l'a pas empêchée de remuer le monde. Elle le remuerait demain, si on la laissait faire, car il y a en elle un grand principe de vitalité et une grande force de moyens, qui s'accroissent même de la dispersion de ses membres. Ne me demandez pas pourquoi cette haine dont elle est l'objet ? Le fait est que cette haine existe et qu'elle s'attachera comme le feu grégeois à tout ce qui se mettra en contact avec cet ordre plus mondain que religieux. Singulière destinée ! tout ce qu'il a attaqué ou protégé a péri ! c'est à lui que les restes de Louis XIV, l'un de nos plus grands princes, ont dû d'être jetés sans honneur dans l'ossuaire de Saint-Denis. Récemment, pour avoir écouté ses conseils, les petits-fils de ce monarque ont été trois fois chassés de France. N'oublions donc pas que cette haine a pris chez nous un caractère de popularité, Il m'importe peu qu'elle n'ait point accès dans les châteaux ou dans les hôtels ; je sais qu'elle vit sous l'échoppe, qu'elle retentit en manière d'injure dans les ateliers, et c'est ce qui m'inquiète ! L'opposition anarchique s'en saisirait avec joie, et cette arme ne serait pas aujourd'hui plus impuissante entre ses mains qu'elle ne l'a été il y a dix-sept ans révolus.— En fidèle sujet, nous devions cette vérité au trône, et nous lui offrons, comme tribut de notre respect et de notre attachement, ce dernier souffle d'une vie qui touche à son terme.

Voulez-vous savoir ce qui a sauvé l'Université de France et ses colléges, il y a deux ans ? La crainte de tomber au pouvoir des jésuites a été telle, qu'on lui a pardonné le peu de soin apporté au choix de ses professeurs et la légèreté de son instruction religieuse, à laquelle elle ne procédait que par manière d'acquit. Un esprit de justice nous porte à dire, tout en reconnaissant encore à cet égard quelques lacunes dans l'enseignement, que la leçon donnée assez récemment à l'université par la chambre des pairs n'a pas été perdue, et qu'une amélioration s'est opérée dans les écoles primaires et secondaires du royaume. On a senti enfin que c'est trop peu que d'apprendre à la jeunesse deux langues mortes dans le cours de sept longues années ; on a compris qu'il importe, au moins autant, de lui inculquer le sentiment du devoir, le goût des bonnes mœurs, des habitudes de décence, le respect de l'autorité paternelle et celui de la vieillesse, qui a fait partie de la religion du genre humain, depuis son berceau jusqu'aujourd'hui.

Aux plaintes portées devant les grands pouvoirs de l'État, on a opposé que l'enseignement donné par le collége de France, à la Sorbonne ou ailleurs, n'est obligatoire pour aucun Français, et que toute liberté doit être acquise aux discussions philosophiques. Il faut pourtant reconnaître que celles-ci, en laissant des traces profondes dans l'esprit de la jeunesse qui y assiste volontairement, qui y cherche même le complément de son éducation, finissent toujours par exercer une influence sur la moralité d'un peuple. Eh bien ! sous ce rapport, il est regrettable que l'université ne soit pas à l'abri de tout reproche. La science qu'elle enseigne est trop peu positive, peut-être parce qu'elle a trop d'étendue ; la morale, destinée à régler la conduite des hommes dans la vie civile et domestique, y occupe trop peu de place ; la dialectique de Platon, qui a plus d'une fois travesti Socrate, dont Xénophon fut un plus fidèle interprète, y paraît trop souvent avec ses subtilités ; le néoplatonisme y a pris trop d'importance ; Plotin et Spinosa, jadis presque oubliés, y sont trop commentés et parfois excusés ; ignorant que toute vraie philosophie est écrite en caractères lisibles dans le livre de la nature, elle essaye d'une manière détournée ou non de battre en brèche les causes finales, rempart contre lequel se heurtera vainement l'incrédulité ; enfin l'éclectisme, auquel elle aboutit par une sorte de compromis, et presque par grâce, n'est, en définitive, qu'une véritable négation.

Le germanisme, en pénétrant en France, n'a pas peu contribué à nous conduire à ce désordre d'idées. Écoutons, à ce sujet, les paroles d'un écrivain auquel nous n'emprunterons pas ses opinions politiques, mais dont nous adoptons volontiers le jugement émis sur les doctrines importées chez nous

au commencement du siècle. Nous ne croyons pas qu'on puisse les mieux caractériser que ne l'a fait M. Ledru-Rollin dans son *Introduction* à la jurisprudence française. S'il s'est livré, dans cet écrit remarquable, à un hors-d'œuvre, nos lecteurs, au moins, lui sauront gré de s'être permis cette excursion. Analysant le système de Kant, plus développé encore par Fichte et Schelling, voici comment il s'exprime, après quelques citations :

« La loi générale étant donnée, pour « qu'on puisse lui obéir, il faut qu'on puisse « lui désobéir. Il faut donc être libre. La « liberté humaine est une conséquence de « la loi ; il en est de même du bien et du « mal. L'obéissance à la loi constitue le « bien, la désobéissance constitue le mal : « le bien et le mal ne sont donc pas préexis-« tants à la loi, ils n'ont pas même d'exis-« tence sans elle, car ils sont déterminés « par elle. Par conséquent, l'homme ne se « conforme à la loi que pour la loi. »

« Nous trouvons bien ici le devoir, mais la morale, où est-elle ? l'amour envers les autres hommes, où est-il ? les affections, les sympathies, tous les sentiments qui donnent de la puissance au lien social, où les rencontrer ? Kant nous répond : « Dans la « personnalité humaine ; l'homme étant « libre, l'humanité est sainte et sacrée dans « sa personne ; il est alors son but à lui-« même. »

« Assurément, en s'arrêtant à cette conclusion, Kant avait eu en vue un système complet ; mais on pouvait toujours lui demander compte de sa loi générale, de son immense objectif existant sous un subjectif quelconque. Et, si le subjectif humain s'avisait de désobéir à cet objectif, de quel tribunal relèverait sa responsabilité ? Kant eut donc besoin d'un juge, il eut besoin de Dieu, et Dieu prit enfin place dans sa théorie.

« Nous venons de voir que l'homme est « son but à lui-même. Mais ce n'est pas « tout. La raison pratique, qui est appa-« remment autre chose que l'homme, cher-« che encore un autre but sous le nom de « souverain bien. Le souverain bien se « compose de deux éléments, vertu et bon-

« heur. Or, l'association de la vertu et du « bonheur ne se rencontrent pas ici-bas : « donc, pour la réaliser, il faut pour l'homme « un monde futur et la continuité de l'exis- « tence ; donc, l'immortalité de l'âme ! Mais « pour apprécier la vertu et lui donner le « bonheur, il faut un souverain juge ; donc « Dieu est. »

« Résumons en quelques mots cette théo- rie : Kant, qui prétend réduire tout à l'a- nalyse, est obligé de commencer par une abstraction qu'il appelle *raison pratique*. Cette raison pratique découvre une autre abstraction qui s'appelle *loi générale* ; la liberté humaine est une conséquence de cette loi ; l'immortalité de l'âme est une conséquence de la liberté humaine ; Dieu est une conséquence de l'immortalité de l'âme. En d'autres termes, Dieu est une conséquence de l'homme, car si l'homme n'avait pas besoin de lui pour être jugé, à quoi serait-il bon ? il n'a pas dès lors d'au- tre rôle à jouer que d'être le grand chance- lier des sociétés humaines...

« Ce qu'il y a de plus étrange, c'est que Kant s'imagine que son système se trouve d'accord avec le christianisme, et qu'il pro- clame avec joie cette harmonie de sa philo- sophie avec la morale de l'Évangile. Mais, pour éprouver cette joie, il fallait donc qu'il jugeât d'avance la morale de l'Évan- gile passablement satisfaisante, puisqu'il en fait, pour ainsi dire, le *criterium* de la vérité de son système. S'il en est ainsi, à quoi bon ce système ? il s'en faut pourtant que cet accord existe...

« Le christianisme, il est vrai, admet Dieu comme le souverain juge ; mais il l'ad- met aussi comme la souveraine loi. Or, la loi générale de Kant est indépendante de Dieu, et Dieu n'est appelé par lui qu'à ju- ger selon la loi... par conséquent, le Dieu de Kant est au-dessous de la loi. Or, mettre Dieu au-dessous de quelque chose, n'est-ce pas dire : Dieu n'est pas ?...

« Après Kant, vient Fichte, et la puis- sance du subjectif, déjà trop bien partagé, est exaltée outre mesure. L'individualité humaine est proclamée souveraine de la terre et du ciel ; l'orgueil du *moi* humain s'énonce en termes aussi ambitieux que le Satan de Milton ; comme lui, il veut détrô- ner Dieu...

« D'où sort, selon Fichte, toute vérité, « toute science, toute morale ? du moi se « contemplant lui-même ! Sortant de sa « contemplation, il s'écrie : Je suis libre ! « La liberté, voilà le premier cri de la con- « science, la vérité première devant laquelle « tombent tous les arguments ; car il n'y a « pas d'arguments contre les inspirations « du *moi*... »

Le monde extérieur, dirons-nous, en sui- vant et en résumant la savante analyse de M. Ledru-Rollin, apparaîtra bientôt au *moi*. Les œuvres de la création et l'espèce humaine surgiront à ses yeux. Comme il en aura en lui la perception, elles existeront par lui ; et, à son égard, elles seront dans une sorte de subordination : ce sera le *non-moi*. Mais le *moi* et le *non-moi* ve- nant à se confondre dans la même indivi- dualité, le subjectif ne tardera pas à absor- ber l'objectif. Le *moi*, par suite de rai- sonnements, aura beau se prescrire des de- voirs à l'égard d'autrui, son droit n'en pré- vaudra pas moins à ses yeux, puisque ce droit est contemporain de sa liberté. Dieu lui-même est encore une conception du *moi*. Né dans le *moi*, il en sera la création, puisque ce sera l'œuvre unique de sa con- science. Ainsi, si je n'admets ni révélation, ni causes finales, ni sentiment intérieur ; en- fin, si j'accepte dans ses conséquences le système de la *raison pure*, Dieu, c'est *moi* ; c'est au moins par *moi* qu'il vit, qu'il existe. Il aura tout au plus à m'appliquer la loi souveraine, dont je l'ai constitué juge, au lieu de voir en lui la loi vivante et éter- nelle comme lui-même.

Revenant à M. Ledru-Rollin, nous re- gretterions de ne pas placer ici une belle page, par laquelle il achève de battre en ruines cette monstrueuse philosophie, qui, pendant trop longtemps, a trouvé des ad- mirateurs en France.

« Assurément, dit-il en parlant de Fichte, il est impossible de poursuivre avec plus de logique la doctrine de Kant, et de détruire avec plus d'audace la réalité objective. Tout ici est dans le subjectif, dans le *moi*. *Moi* partout, *moi* toujours, *moi* l'homme, *moi* le monde, *moi* Dieu, *moi* principe, source et centre de toutes choses, d'où tout sort, où tout aboutit. Le système a sans doute une vaste et formidable unité, et dans tout système l'unité séduit. Mais sortez de cette immense abstraction de l'égoïsme pour tenter une application sociale, vous aurez pour résultat l'individualisme le plus effronté, la plus audacieuse anarchie qui se puisse imaginer. Et cependant Fichte ne s'est pas épouvanté des conséquences de sa logique, il a osé formuler une morale à l'usage de sa doctrine ; sa formule, la voici : « Aime-toi par-dessus toutes choses, et tes « concitoyens pour toi-même. » En vérité, ce n'était pas la peine, pour un pareil résultat, de vouloir réformer l'Évangile. Qu'est-ce donc, je vous le demande, grand apôtre de l'égoïsme, qu'est-ce donc que mes concitoyens? C'est *moi*, puisque c'est le *non-moi*, et que vous m'avez appris que le *non-moi* c'est *moi*. Pourquoi donc *moi*, qui suis libre, *moi*, qui suis l'univers, *moi*, qui suis Dieu, ne serais-je pas le maître de maltraiter ce *non-moi* qui est *moi*?... Philosophe, descendez des nuages, et venez vous mêler aux choses de la terre; vous verrez combien de *moi* se satisfont aux dépens des *non-moi*, sans en éprouver la moindre souffrance; et combien de *non-moi* se réjouissent dans l'abondance de toutes choses, sans que les *moi* qui ont faim se sentent l'estomac soulagé. Le christianisme avait aussi dit par la bouche de saint Paul : « Nous sommes tous « un en Dieu. » Mais le christianisme reconnaît les distinctions dans l'identité, le particulier dans le général ; et d'ailleurs cette identité avait Dieu pour point de départ, et non pas le *moi* humain, qui n'a aucune fonction pour se faire respecter par le *non-moi*. »

Scheling, Hégell, Herder, ont établi les mêmes principes comme bases de leurs théories prétendues *transcendentales;* dans la littérature allemande, genre plus à la portée des lecteurs que cette philosophie nuageuse, Goëthe n'a pas été plus moral ; et par conséquent il a été plus dangereux. Quel est, en effet, le côté le plus remarquable de ses ouvrages? Une sorte de déification de la nature, avec absence d'un vrai

sentiment religieux ; à bien dire, c'est l'idée de Dieu mise sous la protection du panthéisme, et rien de plus! Il a publié ses *Mémoires* de sont vivant : sans en avoir le soupçon, il s'y est peint tout entier. Certes, il ne voulait pas se présenter à ses contemporains sous des traits peu flatteurs, il y a pris même un soin particulier de sa personne. Eh bien! son égoïsme y perce dans toute sa nudité. Pas un camarade de sa jeunesse, pas une femme qu'il aime sincèrement; pas une liaison où un cœur se soit donné à lui, à laquelle il ne renonce sans regret. Cet homme, sous un coloris auquel il a su prêter un air de fraîcheur, n'a ni âme ni sensibilité; sa fibre est sèche; il s'est fait centre de tout ce qui s'offre à sa portée. Ainsi qu'en réalité il n'a aimé personne, personne ne conservera de lui un souvenir; et il sera moins heureux que J.-J. Rousseau, qui, malgré ses aveux quelquefois honteux, déposés dans le livre de ses *Confessions*, ne laisse pas d'inspirer un intérêt sympathique à ses lecteurs.

Telle est la philosophie, telle est la littérature que l'on s'est efforcé de substituer, chez nous, à celles de nos bons écrivains. Mme de Staël a favorisé ce mouvement de toute la puissance d'un talent de premier ordre, mais égaré par son séjour en Allemagne où elle fut adulée, et ses préventions contre la France, qu'elle personnifia dans un seul homme dont elle se croyait autorisée à se plaindre. Benjamin-Constant, le plus sceptique de tous les écrivains, le plus variable dans ses principes, s'il eut jamais des principes, et pourtant le plus captieux dans ses déductions, s'associa à cette œuvre de ressentiment plus que de conviction.

Qu'est-il résulté de ce germanisme introduit dans les lettres françaises? Que reste-t-il de toutes ces réputations tant glorifiées de l'école allemande? Un déisme sans culte, une adoration des effets phénoménaux, sans qu'on remonte à la cause qui les ordonna; une vie sans avenir, un style sans vérité, une idolâtrie de la femme abaissée au seul mérite de la statuaire antique, un individualisme desséchant, un entraînement vers les jouissances sensuelles, qui appauvrit à la fois l'âme et le corps ; enfin, une déchéance de notre humanité, à laquelle échappe la plus noble partie de sa destinée, telle qu'elle lui avait été promise dans les décrets éternels !

Est-ce à dire que l'état moral de la France actuelle soit désespéré ? Faudra-t-il jeter le linceul sur cette brillante région du monde policé, où les mœurs avaient jadis une si douce expansion, où le commerce social abondait en charmes inconnus aux autres peuples, où la conversation, toujours animée, toujours spirituelle, se prolongeait sans aigreur, où l'amour-propre, adroitement voilé, se faisait pardonner ses succès, où la grâce d'un sexe s'embellissait de décence, où la religion, émanée du cœur, ne s'appauvrissait pas sous la dialectique d'un froid raisonnement? La moralité de ce beau royaume de France serait-elle donc perdue? Serait-elle seulement en péril? Nous aurons la hardiesse de répondre négativement à l'une et à l'autre de ces questions. La même preuve servira de réplique à toutes deux, indépendamment de celles que nous avons déposées dans les premières pages de cet écrit.

Ici s'offre un phénomène bien rare dans l'histoire des peuples; il est très caractérisé, il est incontestable, et cependant nous ne croyons pas qu'il ait été encore l'objet de l'attention des hommes qui en sont chaque jour les témoins. Nul doute qu'il n'existe chez nous un antagonisme, peut-être bizarre, mais que nous oserons qualifier de providentiel ; car depuis déjà longtemps jusqu'à l'heure où nous tenons la plume, la société française, tout entière, lutte contre sa littérature, contre sa philosophie, contre son moderne théâtre, contre ses journaux, contre ses romans, et contre l'éducation qu'on donne à la jeunesse, soit dans les écoles universitaires, où on la pousse de science au delà de ses forces, soit dans les écoles des congrégations, où on lui apprend à se jouer du serment. Voyez-le : elle assiste aux représentations théâtrales, et elle en blâme l'immoralité; elle lit des romans en feuilletons ou en volume, et elle se récrie contre leur cynisme ; elle parcourt chaque matin les journaux, et elle y reconnaît, avec le sourire du dédain, les fils de toutes cou-

leurs qui donnent le mouvement aux plumes ; elle s'abonne aux cabinets de lecture (car rien d'achetable, rien de durable dans ce qu'on lui offre), et en l'absence de toute critique littéraire, elle proteste contre le mauvais goût des œuvres qu'on lui impose; par désœuvrement ou par curiosité, elle a suivi de l'œil l'évolution circulaire des *tableaux vivants*, et elle les a sévèrement vitupérés, surtout à la vue d'hommes qui, n'y pouvant paraître dans une nudité trop choquante, mentent à leur propre sexe par une rivalité ridicule de morbidesse, d'empâtement de formes et de coloris avec les femmes près desquelles ils sont placés. Quant aux études philosophiques, comme elles sont dénuées de base et qu'elles manquent de leur vrai point de fixité, personne ne s'en occupe, si ce n'est l'Académie des *sciences morales et politiques*. Enfin, c'est contre une coalition patente, qui a eu l'adresse de s'emparer de toutes les trompettes de la renommée, que la société française s'est constituée dans un état de résistance réelle; tout en paraissant céder à la loi qu'on lui a prescrite, la tête sous le joug, elle proteste: à bien dire, son obéissance n'est qu'une révolte. Espérons que cette révolte sera plus heureuse que celle de la Pologne, proie d'une autre coalition bien plus difficile à vaincre.

Nous savons que cet exposé rapide, mais dont personne ne contestera la vérité, souffre quelques honorables exceptions. Nous les admettons volontiers, sans les indiquer par rang et ordre. C'est une lacune que nous laissons au lecteur le soin de remplir ; il s'en acquittera sous l'inspiration de sa conscience, et peut-être, dans ses jugements, sera-t-il plus rigoureux que nous-même.

Toujours est-il vrai que la société française vaut mieux que sa littérature, qui, grâce au ciel, n'en est pas l'expression. Il n'est pas un cercle, pas une réunion de cinq personnes de quelque pudeur, où l'on ne se récrie contre les productions du jour. Si celles-ci, dans leurs apparitions successives, semblent avoir la rapidité du temps, qui, selon les poètes, vole à tire-d'aile, en auront-elles la durée? A cet égard, le doute est au moins permis ; il est même consolant de s'y livrer. Une grande souffrance morale ou physique de sa nature ne saurait se prolonger indéfiniment ; force est que le malade guérisse ou succombe. A tout prendre, la moralité de la France n'est pas aussi rétrograde qu'on serait tenté de le croire. La plaie n'est que superficielle : elle est dans un besoin d'émotions né de nos longues crises politiques, dans la hardiesse de certains hommes qui exploitent ce besoin à bons deniers comptants, qui se montrent partout, et qui se sont emparés de tous les organes de la publicité. Quoi qu'ils disent, quoi qu'ils fassent, la France a encore plus de bon sens que de crédulité ; elle les a jugés eux et leurs œuvres, qu'elle emprunte et qu'elle se garde bien d'acheter. D'ailleurs, la France, qui n'est pas plus tout entière dans Paris que Paris n'est dans la Bourse, chérit encore la décence, les bonnes mœurs, la sainteté du lien conjugal, les douceurs du foyer domestique, et les traditions religieuses dont le ciel lui a transmis l'héritage. Qui a plus attaqué ces dernières que Pigault-Lebrun ? Eh bien, dès avant sa mort, on ne le lisait déjà plus. Le pays est las de toutes ces atteintes portées à son bonheur et à sa moralité ; il s'en rit ou il s'en indigne. Il prend patience, parce qu'il sait n'avoir pas longtemps à attendre ; le vase aura bientôt fini de s'épancher ; il n'y reste déjà que la lie.

Après les reproches de corruption adressés au ministère, il serait possible qu'on vît une omission dans notre silence. On se tromperait ; nous croyons avoir déjà répondu à cette nature de plaintes qui se renouvelleront tant qu'il y aura des chambres législatives en France. Les luttes électorales sont une des conditions du gouvernement représentatif ; et il serait absurde de prétendre qu'un cabinet restât désarmé en présence des partis réunis pour le combattre. Il arriverait de là que celui qui ferait le mieux les affaires du pays, serait renversé à chaque renouvellement de la chambre élective. Dans ces moments de crise, voyez la part qu'y prennent les journaux : presque tous se rangent sous le drapeau d'une opposition qui n'est pas toujours dynastique. Pour contrepoids, la couronne a recours à ses fonctionnaires ; et soyez certain que malgré leur appui le ministère, réduit à ce seul moyen de défense, succomberait sous le poids d'un mécontentement public ! Les élections de 1827 l'ont prouvé. Ainsi ce qu'on a qualifié d'immoralité en matière d'élections, ne nous semble qu'un droit de représailles résultant de l'institution elle-même. Seulement nous verrions un grave inconvénient à ce que de pareilles luttes se renouvelassent trop souvent. Nous ne prétendons pas pour cela excuser ces marchés honteux où, l'argent à la main, on marchande des suffrages. Une telle manière d'arriver à la représentation du pays n'a pas même la valeur douteuse d'une influence ; c'est plus qu'un mensonge, c'est un vol fait à l'opinion publique, et l'élection par arrondissement tend à le perpétuer.

Nous verrions un péril aussi sérieux pour la morale publique, s'il devait se prolonger dans ces jeux de bourse auxquels la création simultanée de nos chemins de fer a donné lieu. Les économies du père de famille attiré par l'appât d'un gain trop facile, celles de l'ouvrier détourné de son travail, y ont été englouties ; les caisses d'épargne se sont vu à regret ravir les sueurs du peuple. Des gens à grands capitaux, en pesant sur la place, à l'instar d'une pompe foulante et aspirante, se les sont appropriées. Dans ce conflit d'ambitions cupides, quelques hommes se sont subitement enrichis ; plusieurs autres ont vu le gage de leur aisance s'échapper de leurs mains. Ce sont là deux malheurs publics qu'il faut également déplorer ; car l'élévation rapide et presque instantanée de quelques fortunes ne peut qu'enlever aux populations le goût d'un travail honnête, le seul dont le succès soit certain, et qui dans sa lenteur même trouve un élément de prospérité. La vue d'un enrichi par un coup du sort devient une véritable calamité, en ce qu'elle fait naître partout des espérances illusoires ; c'est le terne, c'est le quaterne que les bureaux de loterie affichaient sur leurs devantures, en manière d'enseigne, après les avoir encadrés de rubans. Au reste, les atteintes que la moralité française a reçues de ce paroxisme sont passagères; et c'est la capitale qui en a été principalement affligée.

SAINT-DENIS.—IMPRIMERIE DE PREVOT ET DROUARD.